GRANDE-BRETAGNE

NOUVELLE LOI

SUR LES

PATENTES

Appliquée le 1er Janvier 1884

PAR

D.-A. CASALONGA

INGÉNIEUR-CONSEIL

15 — Rue des Halles — 15

PARIS

Prix : 3 fr.

CHARLEVILLE

TYPOGRAPHIE ET LITHOGRAPHIE DE A. POUILLARD

—

1884

BREVETS D'INVENTION

EN FRANCE ET A L'ÉTRANGER

CONSULTATIONS

TECHNIQUES LÉGALES

SUR LA

Propriété industrielle

MARQUES DE FABRIQUE & DE COMMERCE

MODÈLES ET DESSINS INDUSTRIELS

RECHERCHES

ACTIONS ET DÉFENSES

en cas de procès en contrefaçon

NOUVELLE LOI ANGLAISE

SUR LES PATENTES

Mise en application le 1er Janvier 1884

PRÉAMBULE

Bien que nous ayons, dès les premiers jours où la nouvelle loi anglaise fut remise en discussion devant la Chambre des Communes et celle des Lords, fait la traduction du projet de cette loi, dont nous donnâmes communication en 1883 à Rouen, au dernier congrès de l'Association française pour l'avancement des sciences, la publication que nous en faisons aujourd'hui est relativement tardive. Parmi les causes de ce retard, nous mentionnerons la communication que nous avons faite, d'abord devant la Société des anciens élèves des Ecoles d'Arts et Métiers, le 13 octobre 1883, puis devant la Société des Ingénieurs civils, le 15 février 1884, et aussi certaines différences d'interprétation qui ont surgi à propos de quelques passages de la loi, e qui se sont montrées dès le 1er janvier 1884, mome où l'on en a commencé l'application.

La propriété industrielle en Angleterre avait été régie jusqu'ici par un ensemble de lois dont quelques-unes, celles surtout relatives aux Marques de fabrique, étaient récentes. Le nouveau bill a refondu et coordonné toutes ces lois, non-seulement pour les Patentes d'invention, mais aussi pour les Dessins de fabrique et les Marques de fabrique ou de commerce.

PATENTES

Pour obtenir une patente anglaise d'après la loi nouvelle, il faut en faire la demande d'après une formule qui varie suivant que c'est le véritable inventeur qui demande, ou une personne qui a reçu communication de l'invention par une personne étrangère.

En même temps que la demande, on peut déposer ou une spécification provisoire, ou une spécification définitive. Il en résulte une protection provisoire que l'on peut faire durer 9 mois, pendant laquelle le contrôleur, placé à la tête du Patent Office et assisté d'examinateurs spéciaux, fait examiner la demande pour s'assurer si une autre demande n'est pas en suspens pour le même objet, si la description et les dessins sont clairs et conformes ; si elle est relative à un seul objet, et si, dans le cas où c'est une spécification définitive venant à la suite de spécification provisoire, elle en est le développement naturel, sans aucune extension ou transformation de la patente.

Le contrôleur, en cas d'observation à faire, en avise le demandeur, et s'il y a entente, ce qui évite un appel devant le juge, la demande est annoncée après l'expiration du neuvième mois, et chacun, pendant deux mois, peut y faire opposition en invoquant seulement un des trois motifs indiqués par l'art. 11. Si une opposition se produit, le demandeur et l'opposant sont invités à fournir leurs explications au contrôleur, qui décide de l'affaire, sauf appel devant l'officier de loi ou juge.

Lorsqu'il n'y a pas appel, une spécification définitive doit être acceptée dans les douze mois de la demande, et la patente délivrée à l'expiration du quinzième mois, à moins que le demandeur ne meure, auquel cas la patente peut n'être scellée que douze mois après.

La durée d'une patente est de 14 ans, divisée en trois termes de 4, 3, 7 ans, auxquels correspondent les taxes de 100, 1,250, 2,500 fr., la demande d'une protection provisoire de 9 mois ne donnant lieu qu'au paiement d'une taxe de 25 fr.

Les termes de 1,250 et 2,500 fr., au lieu d'être acquittés en bloc, peuvent être payés par annuités, de la manière suivante : 250 fr. à l'expiration des 4e, 5e, 6e et 7e années ; 350 fr. pour chacune des deux années suivantes ; et 500 fr. pour chacune des deux dernières années, soit une augmentation de 525 fr. qui porte à 3,850 fr. l'ensemble des débours, somme égale à celle qu'il fallait payer pour la même durée, d'après l'ancienne loi.

La nullité d'une patente peut être demandée par toute personne y ayant intérêt. La procédure coûteuse et difficile de *scire facias* a été abolie.

Le retard dans le paiement d'un terme ou d'une annuité, s'il est justifié, peut être racheté par une amende de 75, de 175 ou de 250 fr., suivant que ce retard est de 1, de 2 ou de 3 mois.

Dans la nouvelle loi, comme dans l'ancienne, les certificats d'addition ne sont pas admis ; l'inventeur peut seulement, au cours de sa demande, remédier aux fautes d'inadvertance qu'il aurait pu commettre ; il peut aussi apporter des amendements à cette demande ou à sa patente. Dans ce dernier cas, sa demande de rectification doit être annoncée au public afin que, pendant un mois, tout intéressé puisse y faire opposition. Si une opposition se produit, la procédure est la même que pour l'opposition relative aux demandes de patentes.

Dans le cas de procès en contrefaçon, où la nullité de la patente est mise en cause, le patenté peut être également autorisé par la Cour à effectuer, par un disclaimer, des retranchements à sa patente.

La loi anglaise a adopté le principe peu équitable,

embarrassant et inutile des *licences obligatoires.*
Vraisemblablement il ne sera jamais appliqué.

Elle prescrit un registre spécial de la propriété
industrielle, dont les inscriptions serviront de
preuves.

Dans certains cas exceptionnels et si on en fait la
demande 6 mois avant son expiration, une patente
pourra, par le Souverain, son Conseil entendu, être
prolongée de 7 ans même de 14 ans, ou remplacée
par une patente nouvelle. Des moyens d'opposition
sont encore, dans ce cas, fournis aux intéressés.

La Couronne, par ses officiers ou autres autorités,
peut appliquer une invention, quitte à s'entendre
avec l'inventeur avant ou après l'application.

Dans toute procédure en contrefaçon la Cour peut,
et doit si elle en est requise, se faire assister d'un
assesseur.

Les objections, pièces à l'appui, arguments, doivent être préalablement déposées. Il ne peut être
fourni des objections ou preuves nouvelles au cours
d'une instance qu'avec l'autorisation de la Cour ou
d'un juge.

Une patente ne doit se rapporter qu'à une seule
invention, pouvant toutefois faire l'objet de plusieurs
revendications.

Si le possesseur d'une invention meurt, son suc-
cesseur légal ou héritier jouit d'un délai exclusif de
6 mois pour formuler une demande de patente.

Une patente accordée au véritable et premier inventeur ne peut pas être invalidée par les faits résul-
tant d'une demande frauduleuse pendant la période
de protection provisoire.

Si l'on peut justifier qu'une patente a été perdue
ou détruite, on peut en obtenir un duplicata revêtu
du sceau.

Dans le cas d'une exposition industrielle ou internationale reconnue par le ministère du commerce,

un inventeur qui a fait la déclaration de son intention d'exposer l'objet de son invention, se trouve, par ce fait, protégé contre tout fait de divulgation, pourvu que six mois, au plus tard, après l'ouverture de l'exposition il fasse sa demande de patente.

L'Administration du Patent Office est réorganisée et transférée au Département de *Science and Art*. Des modèles pourront être requis des inventeurs, à charge, par le Musée, de les leur payer. Le contrôleur, en outre de la vente des spécifications complètes, veillera à la publication d'un journal illustré et à la confection des tables.

Une patente ne permet pas d'empêcher l'application, sur un navire étranger, d'une invention relative à la navigation ou aux usages du bord, à moins que le navire n'appartienne à un Etat dont les sujets auraient chez eux la faculté d'empêcher une telle application sur les navires anglais.

Le ministre de la guerre peut s'emparer des inventions relatives aux munitions et au matériel de guerre, en s'entendant avec l'inventeur et en exigeant le secret de la patente.

Telles sont les lignes principales du nouveau bill anglais, que nous publions ci-après, et que nous ferons encore suivre de quelques considérations relatives à certains de ses articles sur lesquels nous croyons qu'il y a lieu d'appeler plus spécialement l'attention de nos lecteurs.

PARTIE DU BILL RELATIF AUX PATENTES D'INVENTION [1]

Patentes.

4. — 1° Toute personne, sujet britannique ou non, peut faire une demande de patente ;

2° Deux ou plusieurs personnes peuvent faire une demande collective et obtenir une patente collective.

5. — 1° On doit adopter, pour la demande, la formule indiquée dans l'annexe n° 1 (2) ou toute autre qui pourra être prescrite. On peut la déposer ou l'envoyer par la poste au Patent Office ;

2° La demande doit contenir une déclaration d'après laquelle le demandeur est en possession d'une invention dont il (ou ils dans le cas d'une demande collective) prétend (ou prétendent) être le véritable et premier inventeur (ou inventeurs), et pour laquelle il désire (ou désirent) obtenir une patente ; elle doit être accompagnée d'une spécification provisoire ou complète ;

3° La spécification provisoire doit décrire la nature de l'invention et être accompagnée de dessins, si c'est nécessaire ;

4° La spécification complète, soit qu'elle accompagne la demande, ou qu'elle soit présentée ultérieurement, doit décrire et préciser la nature de l'invention, la manière de l'exécuter ; elle doit être accompagnée de dessins, si c'est nécessaire ;

5° Une spécification provisoire ou complète doit commencer par le titre, et finir, dans le cas d'une spécification complète, par un exposé clair de l'invention revendiquée.

6. — Le contrôleur renvoie chaque demande à un examinateur qui rend compte au contrôleur si la nature de l'invention a été bien décrite, si la demande, la spéci-

---

(1) Extrait de la *Chronique Industrielle* hebdomadaire illustrée (7e année), par D.-A. Casalonga.

(2) Cette formule varie suivant que c'est l'inventeur lui-même qui fait sa déclaration, ou suivant que c'est une autre personne à laquelle l'inventeur a communiqué son invention.

fication et les dessins (s'il y en a), ont été préparés de
la manière voulue, et si le titre indique suffisamment
l'objet de l'invention.

7. — 1º Si l'examinateur dit que la nature de l'invention n'est pas bien décrite, ou que la demande, la spécification ou les dessins n'ont pas été convenablement
préparés, ou que le titre n'indique pas suffisamment
l'objet de l'invention, le contrôleur peut exiger, avant
toute décision quant à la demande, que des corrections
soient faites ;
2º Dans le cas où le contrôleur exige des corrections,
le demandeur peut appeler de cette décision devant
le juge ;
3º Le juge, si c'est nécessaire, entend le demandeur et
le contrôleur, et décide si, et à quelles conditions, la demande peut être accordée ;
4º Le contrôleur doit, quand une demande est accordée,
aviser le demandeur ;
5º Si, après qu'une demande a été faite, mais avant le
sceau de la patente, il est fait une autre demande accompagnée d'une spécification portant le même titre ou un
titre analogue, l'examinateur devra rendre compte au
contrôleur si la spécification lui paraît comprendre la
même invention ; dans le cas de l'affirmative, le contrôleur devra en aviser les demandeurs ;
6º Si l'examinateur se prononce pour l'affirmative, le
contrôleur peut décider, sauf appel devant l'officier de
loi, que l'invention comprise dans les deux demandes est
la même ; s'il en est ainsi, il peut refuser de sceller une
patente pour le second demandeur.

8. — 1º Si le demandeur ne dépose pas une spécification complète avec sa demande, il doit la déposer dans
les neuf mois qui suivent la date de la demande ;
2º Si la spécification complète n'est pas déposée dans
ce délai, la demande est supposée abandonnée.

9. — 1º Quand on dépose une spécification complète,
après une spécification provisoire, le contrôleur renvoie
les deux spécifications à un examinateur, pour décider si
la spécification complète est convenablement préparée, et
si l'invention spécialement décrite dans la spécification

complète est essentiellement la même que celle décrite dans la spécification provisoire ;

2° Si l'examinateur dit que les conditions ci-dessus ne sont pas remplies, le contrôleur peut refuser d'accepter la spécification complète jusqu'à ce qu'elle ait été amendée à sa satisfaction ; mais ce refus est susceptible d'appel devant le juge ;

3° Le juge (l'officier de loi) entend, si c'est nécessaire, le demandeur et le contrôleur, et décide si, et à quelles conditions, la spécification complète peut être acceptée ;

4° Si une spécification complète n'est pas acceptée dans le délai de douze mois, à partir de la date de la demande, la demande est nulle à l'expiration de ce délai (sauf en cas d'appel);

5° Les rapports des examinateurs ne sont, en aucun cas, publiés ou communiqués au public, et ne peuvent être produits ou examinés en cas de procès, sauf en cas d'appel devant le juge et à moins que le tribunal ou le juge, chargé de l'affaire, ne certifie que cette production, ou cet examen, est utile aux intérêts de la justice, et doit être autorisé.

10. — Quand la spécification complète est acceptée (1), le contrôleur en donne avis ; la demande et la spécification ou les spécifications, ainsi que les dessins (s'il y en a), sont livrés au public.

11. — 1° Toute personne peut, à un instant quelconque, dans les deux mois qui suivent le premier avis de l'acceptation d'une spécification complète, aviser le Patent Office qu'elle fait opposition à la délivrance de la patente, pour le motif qu'une personne a obtenu cette invention d'elle, ou d'une personne dont elle est le représentant légal, ou bien pour le motif que l'invention a été patentée en Angleterre par suite d'une demande antérieure, ou pour le motif qu'un examinateur a rendu compte au contrôleur que la spécification lui paraît comprendre la même invention qu'une autre déjà comprise dans une spécification portant le même titre ou un titre semblable, et

(1) Un court extrait, accompagné d'une figure type sur 100 centimètres carrés de surface, est quelquefois exigé, pour faciliter la publication en abrégé.

accompagnant une demande antérieure, mais non pour aucun autre motif ;

2° Dans le cas d'une notification de ce genre, le contrôleur avise le demandeur, et, à l'expiration du délai de deux mois, après avoir entendu le demandeur et la personne qui a fait la notification, si elle le désire, décide l'affaire, mais avec faculté d'appel devant le juge ou l'officier de loi ;

3° Le juge entend, si c'est nécessaire, le demandeur et la personne qui fait opposition, et qui, dans l'opinion du juge, a le droit d'être entendue, et il décide si la délivrance peut ou non avoir lieu ;

4° Le juge peut, s'il le juge convenable, demander l'aide d'un expert, qui recevra la rémunération que déterminera le juge avec le consentement du Trésor.

12. — 1° S'il n'y a pas d'opposition, ou si, en cas d'opposition, la décision est en faveur de la délivrance d'une patente, le contrôleur fait sceller la patente avec le sceau du Patent Office ;

2° Une patente ainsi scellée a la même valeur que si elle portait le grand sceau du Royaume-Uni ;

3° Une patente doit être scellée le plus tôt possible, et dans le délai de quinze mois au plus, à partir de la date de la demande, sauf dans les cas ci-après mentionnés, savoir :

. (a) Quand l'apposition du sceau est différée par suite d'appel devant le juge, ou d'opposition à la délivrance, la patente peut être scellée quand le juge l'ordonne ;

(b) Si le demandeur meurt avant l'expiration du délai de quinze mois mentionné ci-dessus, la patente peut être délivrée à son représentant légal et scellée à n'importe quelle date dans les douze mois qui suivent la mort du demandeur.

13. — Toute patente doit être datée et scellée du jour de la demande, en observant qu'il ne peut y avoir de procédure engagée relativement à une contrefaçon commise avant la publication de la spécification définitive, en observant aussi que, dans le cas de plusieurs demandes de patentes pour la même invention, le sceau d'une patente relative à l'une de ces demandes n'empêche pas le sceau d'une patente relative à une demande antérieure.

Protection provisoire.

14. — Quand une demande de patente pour une invention a été acceptée, l'invention peut, dans la période qui s'écoule entre la date de la demande et la date de l'apposition du sceau, être appliquée et publiée sans préjudice de la patente à accorder ; cette protection contre les conséquences de l'application et de la publicité est considérée comme une protection provisoire.

Protection par une spécification complète.

15. — Après l'acceptation d'une spécification complète, et jusqu'à la date du sceau de la patente correspondante, ou jusqu'à l'expiration du délai d'apposition du sceau, le demandeur a les mêmes droits et privilèges que si la patente avait été scellée à la date d'acceptation de la spécification complète.

Il est entendu, toutefois, qu'un demandeur n'a pas le droit d'intenter une action en contrefaçon jusqu'à ce que la patente soit délivrée.

Patente.

16. — Toute patente revêtue du sceau est valable dans le Royaume-Uni et l'île de Man.

17. — 1º La durée d'une patente est de quatorze ans à partir de la date de la patente ;

2º Toute patente, nonobstant le contenu de ladite patente, ou les dispositions de la présente loi, sera nulle si le patenté n'effectue pas les paiements aux échéances prescrites ;

3º Si néanmoins, dans un cas quelconque, par accident, erreur ou inadvertance, un patenté omet de payer dans le délai voulu, il peut demander au contrôleur une prolongation de délai pour ce paiement ;

4º Dans ce cas, le contrôleur, s'il a acquis la conviction que cette omission est due à l'une des causes sus-mentionnées, peut accorder la prolongation, moyennant la taxe prescrite qui ne dépassera pas 10 liv. st., aux conditions suivantes :

(a) La prolongation du délai ne sera, en aucun cas, de plus de trois mois ;

(*b*) En cas d'action en contrefaçon d'une patente, après un défaut de paiement en temps utile, et avant prolongation de délai, la Cour, devant laquelle l'action doit être engagée, peut, si elle le juge convenable, refuser d'accorder des dommages-intérêts pour ladite contrefaçon.

Amendement de la spécification.

18. — 1° Un demandeur ou un patenté peut, de temps en temps, par requête écrite adressée au Patent Office, demander permission d'amender sa spécification, y compris les dessins qui en font partie, par le moyen d'un disclaimer, correction ou explication, établissant la nature et les motifs de l'amendement ;

2° La requête et la nature dudit amendement sont annoncées dans la forme prescrite et, dans le délai d'un mois à partir de cet avertissement, toute personne peut notifier au Patent Office son opposition à l'amendement ;

3° Au reçu de cette notification, le contrôleur donne avis de l'opposition à la personne qui a déposé la requête, puis entend et décide l'affaire, sauf appel devant le juge;

4° Le juge entend, si c'est nécessaire, le requérant ainsi que la personne qui a notifié l'opposition et qui, dans l'opinion du juge, est autorisée à être entendue dans son opposition à la requête, et décide si, et à quelles conditions, l'amendement peut être admis ;

5° Dans le cas où aucune opposition n'est notifiée, ou bien si la personne qui a notifié opposition ne se présente pas, le contrôleur décide si, et à quelles conditions, l'amendement peut être admis ;

6° En cas de refus d'un amendement par le contrôleur, le requérant peut appeler de cette décision devant le juge;

7° Le juge entend, si c'est nécessaire, le requérant et le contrôleur, et peut rendre un arrêt déterminant si, et à quelles conditions, l'amendement peut être admis;

8° Il n'est admis aucun amendement qui aurait pour conséquence de rendre la spécification applicable à une invention plus étendue ou autre que celle qui se trouve revendiquée dans la spécification avant tout amendement ;

9° La permission accordée donne le droit absolu de faire l'amendement, sauf en cas de fraude ; et l'amendement est considéré dans toutes les Cours, et dans tous les cas, comme faisant partie de la spécification;

10° Les stipulations ci-dessus ne sont pas applicables en cas de procédure pendante relative à une contrefaçon ou autre.

19. — Dans une action en contrefaçon et dans une procédure en nullité à fin de révocation de patente, la Cour, ou un juge, peut, à une époque quelconque, ordonner que le patenté, aux conditions imposées par la Cour ou par le juge, puisse demander au Patent Office la permission d'amender sa spécification par voie de disclaimer; en attendant, la Cour, ou le juge, peut ordonner l'ajournement de l'action ou de l'audience.

20. — Quand un amendement par voie de disclaimer, correction ou explication, est ainsi autorisé, il n'y a pas lieu à dommages-intérêts pour application de l'invention faite avant le disclaimer, correction ou explication, à moins que le patenté n'établisse, à la satisfaction de la Cour, que son claim primitif était fait de bonne foi et avec une compétence suffisante.

21. — Tout amendement à une spécification doit être annoncé dans les formes voulues.

Licences obligatoires.

22. — Si, d'après la demande d'une personne intéressée quelconque, il est prouvé au Board of Trade que, faute de licences, à des conditions convenables accordées par le patenté,

(a) la patente n'est pas appliquée dans le Royaume-Uni, ou

(b) que les légitimes exigences du public ne sont pas satisfaites, ou

(c) qu'une personne quelconque ne peut exploiter ou appliquer dans les meilleures conditions une invention qu'elle possède,

Le Board peut ordonner au patenté d'accorder des licences aux conditions déterminées par le Board en ce qui concerne le montant des droits, eu égard à la nature de l'invention et aux circonstances, et cet ordre peut être rendu exécutoire par une ordonnance.

Registre des patentes.

23. — 1° Il sera tenu au Patent Office un livre dit : Registre des patentes, où seront enregistrés les noms et adresses des patentés, les notifications de cessions et transmissions de patentes, de licences, d'amendements, d'extensions et de révocations de patentes, et autres affaires pouvant affecter la validité ou la propriété des patentes, telles qu'elles peuvent être prescrites de temps en temps ;

2° Le Registre des patentes servira de preuve *prima facie* pour toutes matières dont l'insertion y sera ordonnée ou autorisée ;

3° Les copies des actes, licences et autres documents affectant la propriété des lettres-patentes, ou licences qui en dépendent, peuvent être fournies au contrôleur dans les formes prescrites, pour être déposées au Patent Office.

Taxes.

24. — 1° Il sera payé, pour les différentes pièces décrites dans l'Annexe n° 2 (1), les taxes qui y sont mentionnées, et, pour les autres matières, les taxes qui seront prescrites de temps en temps par le Board of Trade, avec la sanction de la Trésorerie ; ces taxes sont payées pour le compte du ministre des finances (l'Echiquier) et suivant les règles posées par la Trésorerie ;

2° Le Board of Trade peut, de temps en temps, s'il le juge convenable, et avec le consentement du Trésor, réduire l'une quelconque de ces taxes.

Prolongation de durée d'une patente.

25. — 1° Un patenté peut, après avertissement, dans les formes prescrites, présenter une pétition à Sa Majesté en conseil, pour demander une prolongation de patente ; cette pétition doit être présentée au moins six mois avant l'expiration de la patente ;

2° Toute personne peut faire enregistrer un caveat, adressé au greffier du conseil, contre la prolongation ;

3° S'il plaît à Sa Majesté de renvoyer cette pétition au comité judiciaire du conseil privé, ledit comité l'examine,

(1) Tableau donnant les taxes ci-dessus désignées.

et le pétitionnaire, ainsi qne toute personne qui a déposé un caveat, a le droit d'être entendu en personne ou par l'intermédiaire de son avocat, relativement à la pétition ;

4° Le comité judiciaire aura égard, dans sa décision, à la nature et aux avantages de l'invention pour le public, aux bénéfices faits par le patenté, et à toutes les circonstances ;

5° Si le comité judiciaire est d'avis que le patenté n'a pas été convenablement rémunéré par sa patente, Sa Majesté, en conseil, peut prolonger la patente pour une nouvelle durée de sept ans et, exceptionnellement, de quatorze ans ; ou bien ordonner la délivrance d'une nouvelle patente pour la durée susdite, contenant les restrictions, conditions et prescriptions que le comité judiciaire jugera convenables ;

6° Sa Majesté en conseil peut faire, de temps en temps, des règlements relatifs à la procédure à suivre pour ces pétitions, conformément à la pratique du comité judiciaire en matière de patentes.

7° Les frais d'une procédure de ce genre sont à la discrétion du comité judiciaire, et les ordres du comité, à ce sujet, seront exécutoires comme s'ils émanaient d'une section de la haute Cour de justice.

Révocation.

26. — 1° La procédure par *scire facias*, pour annuler une patente, est abolie ;

2° L'annulation d'une patente peut être obtenue par voie de pétition à la Cour ;

3° Tout motif qui pouvait être invoqué pour une annulation par *scire facias* pourra servir de base à une action en contrefaçon et sera un motif de révocation ;

4° Une pétition à fin de révocation de patente peut être présentée par :

(*a*) L'attorney general en Angleterre ou en Irlande, ou le lord advocate en Ecosse ;

(*b*) Toute personne autorisée par l'attorney general en Angleterre ou en Irlande, ou le lord advocate en Ecosse ;

(*c*) Toute personne prétendant que la patente a été obtenue contrairement à ses droits ou aux droits d'une autre personne au nom de laquelle elle réclame ;

(*d*) Toute personne prétendant qu'elle est, ou que la personne au nom de laquelle elle réclame est le véritable inventeur d'une invention comprise dans les revendications du patenté;

(*e*) Toute personne prétendant qu'elle, ou que la personne au nom de laquelle elle revendique un intérêt dans un commerce, affaire ou industrie, a publiquement fabriqué, employé ou vendu dans le royaume, avant la date de la patente, un objet revendiqué par le patenté comme son invention;

5° Le plaignant donnera avec sa pétition le détail des objections sur lesquelles il s'appuie, et aucune preuve, sauf en vertu d'une permission de la Cour ou d'un juge, ne sera admise à l'appui d'une objection qui n'aura pas été ainsi formulée;

6° Les explications pourront, de temps à autre, être amendées avec la permission de la Cour ou d'un juge;

7° Le défendeur a le droit de commencer et de présenter les preuves à l'appui de la patente, et si le plaignant donne des preuves empêchant la validité de la patente, le défendeur a le droit de répondre;

8° Quand une patente est révoquée par suite de fraude, le contrôleur peut, sur la demande du véritable inventeur, faite dans les formes prescrites, lui délivrer une patente remplaçant la patente révoquée et portant la même date.

Couronne.

27. — 1° Une patente a, à tous les points de vue, le même effet vis-à-vis de la Reine, de ses héritiers et successeurs, que vis-à-vis d'un de ses sujets;

2° Mais les officiers ou autorités, dirigeant un service quelconque de la Couronne, peuvent, directement ou par leurs agents, contractants ou autres, à une date quelconque après la demande, appliquer l'invention au service de la Couronne, à des conditions stipulées avant ou après l'application, avec l'approbation de la Trésorerie, entre les officiers ou autorités et le patenté, ou bien, à défaut de cet accord, aux conditions fixées par la Trésorerie après avoir entendu les parties intéressées.

Procédure légale.

28. — 1º Dans une action ou procédure en contrefaçon ou en révocation d'une patente, la Cour peut, si elle le juge convenable, et doit, sur la requête de l'une ou l'autre des parties, demander l'aide d'un assesseur spécialement qualifié, et examiner et entendre l'affaire en tout ou partie avec son aide. L'action sera jugée sans jury, à moins de décision contraire de la Cour ;

2º La Cour d'appel, ou le Comité judiciaire du conseil privé, peut, si elle le juge convenable, demander l'aide d'un assesseur dans les conditions susdites, dans toute procédure ;

3º La rémunération à payer à l'assesseur est déterminée par la Cour, ou la Cour d'appel, ou le Comité judiciaire, suivant le cas, et payée de la même manière que les autres dépenses faites en exécution de la présente loi.

29. — 1º Dans une action en contrefaçon, le plaignant doit déposer avec sa déclaration, ou ultérieurement, sur l'ordre de la Cour ou du juge, les pièces à l'appui des contrefaçons dont il se plaint ;

2º Le défendeur doit déposer, en même temps que sa déclaration comme défendeur, ou ultérieurement, sur l'ordre de la Cour ou d'un juge, les objections sur lesquelles il s'appuie ;

3º Si le défendeur conteste la validité de la patente, les pièces déposées par lui doivent établir par quels motifs il la conteste, et si un de ces motifs est le manque de nouveauté, il doit indiquer l'époque et le lieu de la publication ou application antérieure qu'il oppose à la patente ;

4º A l'audience, il ne sera admis, sauf en vertu d'une permission de la Cour ou d'un juge, aucune preuve de contrefaçon, ou preuve à l'appui d'une objection, si des explications préalables n'ont pas été déposées ;

5º Les explications fournies peuvent être amendées, de temps en temps, avec la permission de la Cour ou d'un juge ;

6º Dans l'estimation des frais, il faudra avoir égard aux pièces fournies par le plaignant et par le défendeur ; il ne sera accordé, à l'un comme à l'autre, aucuns frais relatifs à une pièce déposée par eux, si elle n'a pas été certifiée par la Cour ou un juge, comme ayant été prouvée ou jugée valable, sans avoir égard aux frais généraux du procès.

30. — Dans une action en contrefaçon, la Cour ou un juge peut, sur la demande de l'une des parties, intimer l'ordre de cesser la contrefaçon et ordonner un examen ou un rapport, dans les délais et les formes qui seront jugés convenables.

31. — Dans une action en contrefaçon, la Cour ou un juge peut certifier que la validité de la patente est mise en question ; dans ce cas, en toute action subséquente en contrefaçon, le plaignant, s'il obtient un jugement définitif en sa faveur, recevra ses frais, charges et dépenses, évalués comme ceux d'avocat à client, à moins de décision contraire de la Cour ou du juge.

32. — Quand une personne, se prétendant patentée pour une invention, menace, par circulaires ou autrement, une autre personne de lui faire un procès ou de la rendre responsable à propos d'une prétendue fabrication, application, vente ou achat de ladite invention, toute personne lésée de cette manière pourra intenter une action et obtenir un ordre faisant cesser ces menaces, plus des dommages-intérêts, le cas échéant, si la prétendue fabrication, application, vente ou achat qui a donné lieu aux menaces n'est pas une atteinte aux droits de la personne qui fait les menaces. Cet article n'est pas applicable si la personne qui fait les menaces fait, avec la diligence voulue, un procès en contrefaçon.

Dispositions diverses.

33. — Toute demande de patente peut avoir la forme indiquée dans l'annexe n° 1 (1) et ne devra concerner qu'une seule invention, tout en pouvant comprendre plus d'un claim ; mais nul n'aura le droit de faire des objections à une patente en se basant sur ce qu'elle embrasse plus d'une invention.

34. — 1° Si le propriétaire d'une invention meurt sans

(1) C'est la déclaration par laquelle l'inventeur dit être en possession de l'invention et en être le véritable ou premier inventeur.

avoir demandé une patente, la demande peut être faite,
et la patente obtenue, par son représentant légal ;

2° Cette demande doit être faite dans les six mois qui
suivent le décès, et doit contenir une déclaration du
représentant affirmant qu'il croit que le décédé est le
véritable et premier inventeur.

35. — Une patente accordée au véritable et premier
inventeur ne peut être invalidée par une demande frauduleuse, ou par une protection provisoire obtenue, ou
par une application ou publication de l'invention faite,
postérieurement à ladite demande frauduleuse, pendant
la période de protection provisoire.

36. — Le patenté peut céder sa patente pour une partie
ou un endroit quelconque du Royaume-Uni ou de l'île
de Man aussi valablement que si la patente avait été
primitivement délivrée uniquement pour ladite partie du
Royaume-Uni.

37. — Si une patente a été perdue ou détruite, ou si
explication suffisante de sa disparition a été donnée au
contrôleur, celui-ci peut, à un moment quelconque,
donner un duplicata revêtu du sceau.

38. — Les officiers de loi peuvent examiner des témoins
assermentés et recevoir des serments à cet effet, d'après
le présent chapitre de la loi ; ils peuvent, de temps en
temps, faire changer et annuler toutes règles concernant
les renvois et appels, ainsi que la procédure à suivre
devant eux, conformément à cette partie de la présente
loi ; ils déterminent, dans toute procédure de ce genre,
les frais à payer par l'une ou l'autre des parties, et toute
décision prise ainsi par eux peut être établie comme
règle de la Cour.

39. — La production d'une invention dans une exposition industrielle ou internationale, certifiée comme telle
par le Board of Trade, ou la publication d'une description
de l'invention pendant la durée de l'exposition, ou l'application de l'invention en vue de l'exposition, et à l'endroit
où elle est exposée, ou l'application de l'invention pendant la durée de l'exposition, dans un autre endroit, par
une personne quelconque, sans la connaissance ou le

consentement de l'inventeur, n'empêchera pas l'inventeur, ou son représentant légal, de demander et d'obtenir une protection provisoire et une patente pour son invention, patente dont la validité ne sera pas infirmée, pourvu que les deux conditions suivantes soient remplies :

(a) L'exposant doit, avant d'exposer son invention, donner avis au contrôleur de ses intentions ;

(b) La demande de patente doit être faite avant l'ouverture de l'Exposition ou dans les six mois suivants.

40. — 1° Le contrôleur fera paraître périodiquement un journal illustré contenant les inventions patentées, ainsi que les rapports sur les affaires de patentes jugées par les tribunaux, et tout renseignement que le contrôleur jugera utile ou important ;

2° Le contrôleur prendra des mesures pour la mise en vente des exemplaires de ce journal, ainsi que des spécifications complètes des patentes en vigueur, y compris les dessins, s'il y en a ;

3° Le contrôleur continuera de publier, sous la forme qui lui paraîtra convenable, les tables et abrégés des spécifications jusqu'ici publiés, et, de temps en temps, les tables, abrégés de spécifications, catalogues et autres documents relatifs aux inventions, selon qu'il le jugera convenable.

41. — Le Contrôle et l'administration du Musée actuel des patentes, en même temps que le contenu dudit Musée, seront transférés, à partir de la date de la présente loi, au Département de la Science et de l'Art *(Department of Science and Art)*, et soumis aux décisions que Sa Majesté, en conseil, jugera convenable de prendre.

42. — Le Department of Science and Art peut, à un moment quelconque, demander au patenté de lui fournir un modèle de son invention en payant les frais de fabrication du modèle. Le montant des frais, en cas de désaccord, sera fixé par le Board of Trade.

43. — 1° Une patente ne peut empêcher l'application d'une invention relative à la navigation sur un navire étranger, dans la juridiction des tribunaux de Sa Majesté (dans le Royaume-Uni ou l'île de Man), ou l'application

d'une invention quelconque sur un navire étranger dans les limites de cette juridiction, pourvu que l'invention ne concerne pas la fabrication ou la préparation d'un objet destiné à être vendu dans le Royaume-Uni ou l'île de Man, ou à être exporté dudit royaume;

2° Mais cette disposition n'est pas applicable aux navires d'un État étranger dont les sujets sont autorisés par leur législation, quand ils ont des patentes ou privilèges semblables pour l'usage exclusif ou l'application de leurs inventions chez eux, à prévenir ou empêcher l'usage desdites inventions sur les navires britanniques séjournant dans les ports dudit État étranger ou dans les eaux soumises à la juridiction des tribunaux dudit État, dès que les dites inventions ne s'appliquent pas à la fabrication ou à la préparation d'un objet destiné à être vendu dans ledit État étranger ou exporté hors dudit État.

44. — 1° L'inventeur d'un perfectionnement dans le matériel ou les munitions de guerre, ses exécuteurs, administrateurs, ou cessionnaires (tous compris sous le le nom d'inventeur, dans ce chapitre), peuvent (avec ou sans indemnité spéciale) céder au ministre secrétaire d'État de la guerre (ci-après désigné sous le nom de secrétaire d'État), en faveur de Sa Majesté, tout le bénéfice de l'invention et de toute patente obtenue ou à obtenir à ce sujet ; le ministre peut être partie à la cession;

2° La cession aura pour effet de transférer le bénéfice de l'invention et de la patente au ministre (secretary of State), pendant la durée de ses fonctions, en faveur de Sa Majesté, et toutes les conventions pour garder le secret de l'invention, ou autres, seront valables (nonobstant le manque d'indemnité), et pourront être exécutées en conséquence par le ministre, pendant la durée de ses fonctions ;

3° Quand une cession de ce genre a été faite au ministre, celui-ci peut, à une date quelconque, avant la demande de patente, ou avant la publication de la spécification ou des spécifications, certifier au contrôleur que, dans l'intérêt du service public, les détails de l'invention et de sa mise en pratique doivent être tenus secrets ;

4° Si le ministre certifie cela, la demande, la ou les spécifications, ainsi que les dessins (s'il y en a), les

amendements aux spécifications, les copies de toutes ces
pièces et de ces dessins, doivent, au lieu d'être déposés
comme à l'ordinaire au Patent Office, être remis au contrôleur en un paquet scellé par le ministre ;

5° Ce paquet sera gardé intact par le contrôleur jusqu'à
l'expiration du terme légal ou du terme prolongé de la
patente, et ne pourra être ouvert que sur l'ordre du ministre ou des officiers de loi (autorité judiciaire) ;

6° Ce paquet sera remis, à une date quelconque, pendant la durée de la patente, à toute personne autorisée à
cet effet par lettre du ministre, et devra être scellé de
nouveau s'il est retourné au contrôleur ;

7° A l'expiration du terme légal ou prolongé de la
patente, le paquet sera remis à toute personne autorisée
par le ministre ;

8° Quand le ministre certifie ce qui a été dit plus haut,
après le dépôt d'une demande de patente au Patent Office,
mais avant la publication de la ou des spécifications, sa
demande, ainsi que les spécifications et dessins (s'il y en
a), doivent être immédiatement mis dans un paquet
scellé par le contrôleur, et ce paquet sera soumis aux
dispositions indiquées ci-dessus pour le paquet scellé
par le ministre ;

9° Aucune procédure, par voie de pétition ou autre, ne
sera admise en révocation d'une patente accordée pour
une invention concernant ce qui a été certifié par le
ministre ;

10° Aucune copie d'une spécification ou autre document
ou dessin, devant être mis ainsi en un paquet scellé, ne
devra en aucune façon être publié ou communiqué au
public, mais sauf les stipulations contraires indiquées,
les dispositions de cette partie de la loi s'appliqueront à
toute invention ou patente ainsi qu'il a été dit ci-dessus ;

11° Le ministre peut, à une époque quelconque, et par
écrit, renoncer au bénéfice des dispositions ci-dessus
relativement à une invention quelconque, et les spécifications, documents et dessins seront alors conservés et
traités comme à l'ordinaire ;

12° La communication d'une invention pour un perfectionnement dans le matériel ou les munitions de
guerre, communication faite au ministre de la guerre

ou à toute personne autorisée par lui pour l'examiner ou en étudier la valeur, ne·sera pas considérée, pas plus que tout acte se rattachant audit examen, comme une application ou publication de ladite invention pouvant empêcher la délivrance ou la validité d'une patente.

Patentes existantes.

45. — 1° Les dispostions de la présente loi concernant les demandes de patentes et les formalités à observer, s'appliqueront seulement aux demandes postérieures à la mise en vigueur de la loi ;

2° Toute patente accordée antérieurement, de même que toute demande pendante, ne sera en rien affectée par les stipulations de la présente loi relatives aux patentes engageant la Couronne et aux licences obligatoires ;

3° Sous tous les autres rapports (y compris le montant et l'échéance des taxes à payer), la présente loi s'étendra à toutes les patentes antérieures, ainsi qu'aux demandes pendantes, et remplacera les lois actuellement applicables ;

4° Tous les actes relatifs à des patentes antérieures à la présente loi et qui doivent être déposés au « Great Seal Patent Office » seront considérés comme déposés ainsi, s'ils ont été déposés au Patent Office avant ou après l'entrée en vigueur de la présente loi.

Définitions.

46. — Dans la présente loi, le mot « Patent » désigne les lettres patentes pour une invention ; « Patentee » désigne le bénéficiaire d'une patente ; « Invention » désigne un nouveau genre d'objet fabriqué faisant l'objet des lettres patentes et de la concession du privilège, d'après la section 6 du « Statute of Monopolies » (c'est-à-dire la loi de la 21ᵉ année du règne de Jacques Iᵉʳ, chap. III).

La nouvelle loi anglaise a produit, dans le pays, une grande activité. Au 30 juillet suivant, près de 11,000 patentes étaient demandées.

Il faut avouer, à la louange du Patent-Office, qu'il a cherché, dans les premiers mois de l'application, tous les moyens possibles pour favoriser les inventeurs, en aplanissant les difficultés.

L'action de l'Institut des « Patent-Agents », loin d'exciter la jalousie du contrôleur, est, au contraire, acceptée de bonne grâce et, par son influence, bien des petites difficultés ont été aplanies.

Ajoutons que le Patent-Office ne s'occupe en rien de la valeur de l'invention, de sa nouveauté; il cherche seulement à se rendre compte si une demande analogue n'est pas déjà déposée.

L'Angleterre, après la mise en application de la loi nouvelle sur les patentes, s'est empressée d'adhérer à la Convention Internationale de la Propriété Industrielle (1), qui est entrée en vigueur le 6 juillet 1884. Cette convention ne modifie en rien la loi de chacun des pays adhérents, si ce n'est que tout inventeur y jouit d'un privilège de six mois, et qu'en ce qui concerne la France, l'introduction des objets brevetés et fabriqués dans ces pays, y est permise. En outre, tout exposant jouit également d'une protection temporaire.

(1) Voir *Chronique Industrielle* n° 30, 20 juillet 1884. Ont adhéré à ladite Convention : la Belgique, le Brésil, l'Espagne, la France, le Guatemala, l'Italie, les Pays-Bas (encore sans loi), le Portugal, le Salvador, la Serbie, la Suisse (encore sans loi), la Grande-Bretagne, l'Equateur, la Régence de Tunis (encore sans loi). Il est fâcheux que, par un vote récent, inspiré par le Patent-Office, jaloux de ses prérogatives, le Sénat des Etats-Unis ait rejeté la proposition d'adhérer à cette Convention.

Charleville. — Imprimerie A. Pouillard.

MÉMOIRE

SUR

L'EXPOSITION UNIVERSELLE DE 1878

PAR

D.-A. CASALONGA, Ingénieur

PREMIER PRIX

DE LA SOCIÉTÉ DES ANCIENS ÉLÈVES DES ÉCOLES NATIONALES DES

ARTS & MÉTIERS

(Concours Mignon)

INTRODUCTION SUR L'EXPOSITION

Description de quelques Appareils divers, de la Métallurgie et de la Mécanique

GÉNÉRATEURS & MOTEURS

Petits Moteurs : à air chaud, à gaz, à vapeur, rotatifs, à pétrole

CHAUDIÈRES DIVERSES

MACHINES A VAPEUR

DES SYSTÈMES

WOOLF — COMPOUND — CORLISS

ENSEIGNEMENT PROFESSIONNEL TECHNIQUE

Prix : 16 francs

CHEZ L'AUTEUR

Office des Brevets d'invention, Patentes, etc.

15 — Rue des Halles — 15

PARIS